Dubus

DÉCUMUL INTÉGRAL

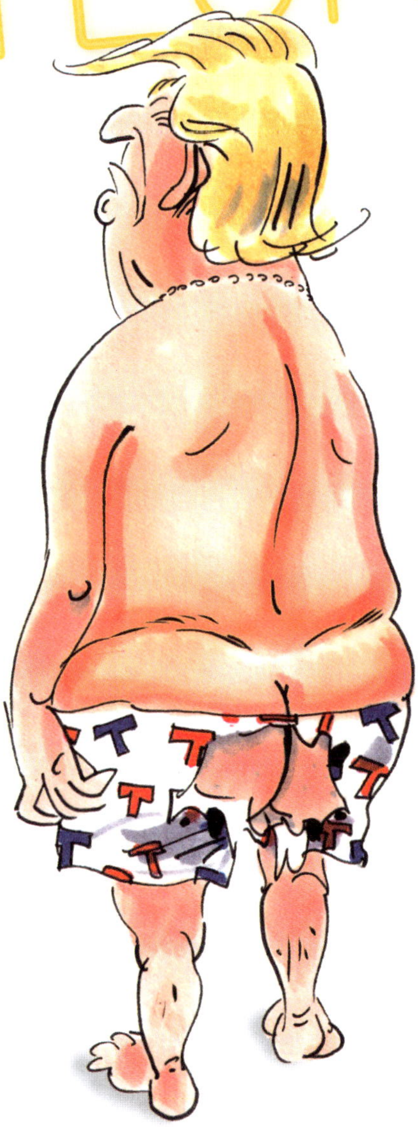

Renaissance du Livre

FGTB
PTB
JE SUIS FORMEL
DEPUIS CE COUP DE FEU: PERTE TOTALE DE L'AUDITION À GAUCHE!
IL VA FALLOIR OPÉRER
SURTOUT PAS! C'EST UN BONHEUR!
JE VAIS DE CE PAS REMERCIER LA PRINCESSE ASTRID

Soirmag | 7 juin 2017
Charles Michel est atteint de surdité partielle à la suite d'un coup de pistolet tiré par la princesse Astrid au départ d'une course à pied.

?
BUDGET 2018
ON A OUBLIÉ LA NAPPE!

La DH/La Libre | 21 mars 2017
Le gouvernement Michel présente son budget pour 2018.

Y'A PLUS QUE LÀ-DEDANS QU'ON PEUT TROUVER DU FRIC
VAS Y!
Sécurité sociale
NE PAS TOUCHER

La DH | La Libre | 27 septembre 2016
Le ministre des Finances, Johan Van Overtveldt, doit trouver un moyen de combler le trou budgétaire de 4,2 milliards d'euros.

LES GARS, ON EST DANS LE ROUGE!
ON DOIT ABSOLUMENT TROUVER 4 MILLIARDS! VOICI MON PLAN
DIDI, TU VAS BRAQUER LES MUSÉES ET LES INSTITUTIONS CULTURELLES
FASTOCHE
DAN, TU FILES DANS LES HOMES ET TU FAIS LES POCHES DES PENSIONNÉS
TRANQUILLE!
CLIC
MAGGIE, TU FONCES DANS LES HÔPITAUX ET TU RAFLES TOUT CE QUE TU PEUX
JA JA
ET TOI? TU VAS RÉCUPÉRER LES MILLIARDS PLANQUÉS AUX BAHAMAS ET AU PANAMA ET TU ATTAQUES LES BANQUES ET LES GRANDES SOCIÉTÉS QUI NE PAIENT PAS D'IMPÔTS?
PAS FOU NON?
MOI, JE VAIS AVEC BART, DÉMONTER LA SÉCURITÉ SOCIALE ET REVENDRE LES PETITS MORCEAUX À UN FERRAILLEUR ALBANAIS!
GÉNIAL

ALLEZ-Y MESSIEURS... FAITES VITE
CHODIEV
LOI Belge

La DH/La Libre | 15 novembre 2016
Le Kazakhgate, une affaire de corruption impliquant notamment Nicolas Sarkozy, Armand de Decker et Patokh Chodiev, défraye la chronique.

ALORS MONSIEUR DE DECKER... VOUS LE RECONNAISSEZ ?

La DH/La Libre | 28 avril 2017
On soupçonne également Didier Reynders d'avoir joué un rôle dans cette affaire.

C'EST UN CHAPEAU KAZAKH, ARMAND ! ET TU VAS LE PORTER ADMIRABLEMENT

La DH/La Libre | 18 novembre 2016

APRÈS LES MAGRITTE DU CINÉMA
VOICI ENFIN LES VAN CAU DE LA POLITIQUE
MEILLEUR ACTEUR
STÉPHANE MOREAU
C'EST UN DÉCHIREMENT DE QUITTER MON POSTE DE BOURGMESTRE D'ANS
MEILLEUR DESESPOIR MASCULIN
ELIO DI RUPO
J'EN AI MARRE DES PARVENUS !
MEILLEUR SECOND RÔLE (ET COSTUME)
ANDRÉ GILLES
PUBLIFIN, C'EST FIN, ÇA SE MANGE SANS FAIM
MEILLEURE SUPER PRODUCTION
KAZAKH GATE€
Produit par Armand De Decker
KAZAKHSTAN
UCCLE

Soirmag | 8 février 2017

ÇA RESSEMBLE À UN MOUVEMENT PERPÉTUEL
ALLO ? MONSIEUR MOREAU ?
PUBLIFIN
ETS. MOREAU
ANC. ETS COOLS
Liège
OUT
IN
NE PAS TOUCHER

La DH / La Libre | 20 janvier 2017

LA POMPE-À-FRIC A UN GROS PROBLÈME ! ON DIRAIT QU'ELLE TOURNE FOU ET ÇA COMMENCE À SE VOIR
ÇA S'ARRÊTE COMMENT ?
POMPE-À-FRIC deluxe
ets MOREAU, GILLES & partners
500 000 V
error 404
NE PAS TOUCHER
SI ON NE FAIT RIEN, TOUT VA NOUS PÉTER AU VISAGE
J'APPELLE LES INSTALLATEURS
MONSIEUR GILLES ? LA POMPE-À-FRIC A UN SOUCI ! IL FAUT VENIR D'URGENCE
JE SUIS MALADE ET EN RÉUNION ! APPELEZ MONSIEUR MOREAU
LA RÉUNION
MONSIEUR MOREAU ? IL FAUT VENIR DE SUITE !!
SI C'EST POUR UNE URGENCE, JE PEUX VENIR DANS 15 JOURS. JE SUIS SOUFFRANT
3 semaines plus tard
VOILÀ ! JE CROIS QU'ON A DÉTRUIT TOUTES LES PREUVES
BRRRR
KRRR
ET LA POMPE-À-FRIC ? C'EST RÉGLÉ ?
T'INQUIÈTE ! JE LEUR AI DONNÉ LE MODE D'EMPLOI
HAHA
JE NE COMPRENDS RIEN !
MODE D'EMPLOI
ÇA PÈTE !

Soirmag | 15 mars 2017
L'affaire Publifin met plus particulièrement en cause André Gilles et Stéphane Moreau, tous deux issus du PS.

PUBLIFIN
by Stéphane MOREAU
COMMENT EST-CE QU'ON ARRÊTE CE TRUC ??
JE NE SAIS PAS... JE NE SUIS PAS ALLÉ AUX RÉUNIONS
C'EST PAS DE LA GLACE AU CHOCOLAT

La DH/La Libre | 19 janvier 2017

PUBLIFIN
entrée
Menu

La DH/La Libre | 23 décembre 2016

PUBLIFIN
SALUT ELIO! JE VIENS JUSTE UTILISER TON DESTRUCTEUR DE DOCUMENTS
LE MIEN A GRILLÉ
GLOUPS
BRRRRR
SALUT CAMARADE! TU AS VU LES SONDAGES? LE PTB EST DEUXIÈME EN WALLONIE
DEVANT LE PS
PTB
SALUT ELIO! MOI ET ANDRÉ COOLS ON VA BRIGUER LA PRÉSIDENCE DU PS LIÉGEOIS
SALUT M'FI
AAA
AAAA AAHH
ÇA VA ELIO? TU AS CRIÉ!
"JE... JE ME SUIS ASSOUPI 3 MINUTES..." ... JE CROIS QUE J'AI FAIT UN MAUVAIS RÊVE..."

Soirmag | 29 mars 2017

LES MANDATS FOIREUX, C'EST DÉPASSÉ
CERTIFICAT MÉDICAL
M. André GILLES est malade
(et il vous emmerde)
Docteur VÉREUX
L'AVENIR, CE SONT LES CERTIFICATS DE COMPLAISANCE
VOTRE MÉDICAMENT, MONSIEUR GILLES

La DH/La Libre | 4 février 2017
André Gilles justifie son absence devant la commission d'enquête Publifin par un certificat médical.

QUEL DÉCHIREMENT ! QUITTER CE BEAU BUREAU
BOUHOU
SI ON ME CHERCHE, JE SUIS DANS LE BUREAU D'À CÔTÉ
ANS
S.A MOREAU inc ASBL. SPRL. SC Aide à la gestion communale
BOURGMESTRE
Nethys

La DH/La Libre | 1er février 2017
Stéphane Moreau abandonne son poste de bourgmestre d'Ans afin de conserver celui d'administrateur délégué de Nethys.

C'EST CLAIR OU IL FAUT QUE JE RÉEXPLIQUE ?
PUBLIFIN
André GILLES

La DH/La Libre | 22 février 2017

La DH/La Libre | 18 mai 2017
L'intercommunale de santé publique de Charleroi est soupçonnée de malversations.

ARGENT PUBLIC
Amis-élus famille
iSPPC de luxe
la machine à RATAS brevetée
made in Charleroi
T°
chaud
LE RATA A DES RATÉS

QUAND JE ME SUIS LANCÉ EN POLITIQUE, J'ÉTAIS MOTIVÉ PAR UN BEL IDÉAL AU SERVICE DU BIEN PUBLIC
BRAVO!
TOUT DOIT CHANGER
PS
stéphane TOUPOURRI
ET PUIS J'AI ÉTÉ NOMMÉ ÉCHEVIN DE JE NE SAIS PLUS QUOI... PRÈS DES GENS, J'AI APPRIS À LES CONNAÎTRE ET À LES AIDER
TU ME LA FAIS SAUTER?
TON LOGEMENT SOCIAL ÇA VA?
QUAND J'AI ÉTÉ NOMMÉ BOURGMESTRE, MON PARTI M'A DONNÉ PLEIN DE MANDATS DANS DES INTERCOMMUNALES ET DES ASBL QUE JE NE CONNAISSAIS PAS ET OÙ JE N'ALLAIS JAMAIS. MAIS C'ÉTAIT BIEN PAYÉ.
JACQUELINE? C'EST QUOI LA SOWALFRIC?
100 000 € PAR AN
PANET
PUBLIFIN
WALFITEC
JE ME SUIS CONSTITUÉ UNE PETITE POIRE POUR LA SOIF EN NE FAISANT PAS GRAND CHOSE. JE ME SUIS MIS EN CONGÉ DE MALADIE PENDANT 12 ANS
JACQUELINE, TU VAS ME CHERCHER UN PASTIS?
VAR MATIN
QUAND LE SCANDALE A ÉCLATÉ, MON PRÉSIDENT M'A DEMANDÉ DE REMBOURSER OU DE DÉMISSIONNER DE TOUS MES MANDATS. J'AI PROMIS. MAIS ÇA VA ME PRENDRE AU MOINS 10 ANS. LE TEMPS QUE ÇA SE TASSE...
JE VERSE À LA CROIX-ROUGE OU À VIVA FOR LIFE?
AUX BONNES ŒUVRES DU PARTI!
ALORS, EN ATTENDANT, ILS ONT CRÉÉ UNE INTERCOMMUNALE POUR L'ÉTHIQUE POLITIQUE EN WALLONIE. J'AI ÉTÉ NOMMÉ ADMINISTRATEUR À 10 000 €/MOIS. ON SE RÉUNIT 1 FOIS PAR AN. TRANQUILLE. FINALEMENT, JE ME DIS QU'APRÈS TOUTES CES ANNÉES, JE N'AI PAS RENIÉ MON IDÉAL DES DÉBUTS
TOUT DOIT CHANGER!
ET ÇA C'EST BEAU!

Soirmag | 25 janvier 2017

TINTIGNOUL sur Brawette grande BROCANTE
ALLEZ! ON APPROCHE! ON BRADE ICI!
MING
UNE AUTHENTIQUE ARMOIRE BAUDOUIN Ier À 150€ ... UNE AFFAIRE!
VINTAGE
NON MERCI
ET ÇA, C'EST QUOI?
DES VIEUX PAPIERS QUE J'AI TROUVÉS PRÈS DU PARLEMENT WALLON... ILS S'EN DÉBARRASSAIENT. 'PARAIT QUE PLUS PERSONNE N'EN VEUT!
COMBIEN POUR LE TOUT?
150 € ET J'Y PERDS
5 €?
D'ACCORD
PLEIN DE MANDATS DANS DES INTERCOMMUNALES
JE TE L'AVAIS DIT, MA CHÉRIE... JE LE SAVAIS! ON EST RICHES!

Soirmag | 22 février 2017

VOUS METTREZ ÇA SUR LE COMPTE DE L'INTERCOMMUNALE
BIEN MONSIEUR LE DÉPUTÉ

La DH/La Libre | 26 janvier 2017

Les boissons alcoolisées deviennent payantes à la cafétéria de la Chambre.

IL FAUT UNE RÉVOLUTION DANS LA GESTION DES INTERCOMMUNALES WALLONNES
Gouvernement wallon
VOICI UN SCHÉMA TRÈS GROSSIER... IL VA FALLOIR TAILLER DANS TOUT CE QUI EST INUTILE, OPAQUE OU ILLÉGAL
OPAQU SA
HAHA S.C.
PEKET SA
BAZAR SPRL
MACHIN S.C.
NONDIDJU SA
BROL S.A.
Biesse
CAROLO
les POYONS
LINO SPRL
TRUC S.C.
COPAINS
MOREAU
OUFTI SA
NANESSE SPRL
ON DIRAIT DE L'ART MODERNE
DÉJÀ, TOUT ÇA PEUT ÊTRE SUPPRIMÉ ! C'EST PLEIN DE CONFLITS D'INTÉRÊTS
ET ÇA ! ET ÇA ! ET ÇA !
ET CES 352 ADMINISTRATEURS DÉLÉGUÉS QUI SONT EN MÊME TEMPS ÉLUS ET QUI NE SERVENT À RIEN
ILS CUMULENT. ON LES SUPPRIME ET ON RÉCUPÈRE 43 MILLIONS D'EUROS
ON PROGRESSE
ET ÇA ?
ET EUX
ET LUI ?
ET NOUS ?
ON VIRE AUSSI
SÛREMENT !
HEU...
vernement wallon
Le lendemain matin
HOUHOUU Y'A QUELQU'UN ?
LA SALLE DE RÉUNION EST VIDE
ENVOLÉS ! C'EST COMME S'ILS S'ÉTAIENT AUTODÉTRUITS

PS
conseil de déontologie
ne pas déranger
AGUSTA
chaudière
Charleroi
La carolo

La DH/La Libre | 25 janvier 2017
Le PS a été impliqué dans plusieurs affaires depuis la création d'un conseil de déontologie en 2009.

Bruxelles SAMU SOCIAL 1
ÇA, C'EST LE GUICHET RÉSERVÉ AUX V.I.P.
Bruxelles SAMU SOCIAL 2

La DH/La Libre | 8 juin 2017
Yvan Mayeur et Pascale Peraïta auraient perçu des sommes injustifiées dans le cadre de leur fonction au Samusocial.

CAMARADES ...
JE VOUS PROPOSE PLUS D'ARGENT!
BAH!...ET LES LENDEMAINS QUI CHANTENT ALORS?
PS
1er MAI 2017

La DH/La Libre | 2 mai 2017
Lors de son discours du 1er mai, Elio Di Rupo propose la mise en place d'un « bonus social généralisé », variante de l'allocation universelle.

HOMMAGE
La vie édifiante d'YVAN
Ketje de Bruxelles
Yvan débute comme assistant social. Très vite, il est ému par leurs dures conditions de vie
POUAH! COMMENT LES PAUVRES PEUVENT-ILS AVALER ÇA?
PTOUi
Mieke caricole
VOUS NE PRÉFÉREZ PAS LES HUÎTRES?
Frappé et bouleversé, il fonde le SAMUSOCIAL. Les dons et les subventions affluent. Il les redistribue
TENEZ! VOICI QUELQUES BONNES CARICOLES
Pour le remercier, les pauvres l'aident à conquérir l'Hôtel de Ville
POUSSEZ-MOI BANDE DE PLOUCS!
Et il devient bourgmestre
VOUS FAITES LES MÊMES EN SOIE?
Un soir qu'il sort de son estaminet préféré, il est victime d'un drame
Comme chez Soi
MERDE! UN ARMANI TOUT NEUF!
SPLACH
Ce qui lui donne la plus grande idée de sa carrière...
PUISQUE C'EST COMME ÇA, JE VAIS TRANSFORMER TOUTE LA VILLE EN PIÉTONNIER! HAHAHA...
Idée géniale qui lui permettra de quitter facilement la ville pour partir en vacances
UN TAXI! VITE...
Mais Yvan reviendra, car croyez-le ou pas, il a encore des amis!
chez Laurette PS
JE VAIS PRENDRE UN MANDAT DANS UNE INTERCOMMUNALE
EXCELLENT CHOIX
MENU
AVEC DES HUÎTRES

Soirmag | 14 juin 2017

'FAUT PAS RESTER ICI MONSIEUR... VOUS VOULEZ L'ADRESSE DU SAMUSOCIAL?
POLICE

La DH / La Libre | 9 juin 2017
Empêtré dans l'affaire du Samusocial, Yvan Mayeur présente sa démission.

LE SOCIALISME NE MEURT JAMAIS!
SOINS INTENSIFS

La DH/La Libre | 4 juillet 2017
Les différentes affaires mettent le président du PS en mauvaise posture.

294 000€ DE PRIME DE SORTIE DU PARLEMENT
ET POUR UNE FUITE À L'ÉTRANGER, Y'A UNE PRIME ?
Kleenex
MAYEUR

La DH/La Libre | 30 juin 2017
Yvan Mayeur quitte son poste de député fédéral et bénéficie d'un parachute doré.

TERMINÉ, C'EST 60 000€. MAIS DANS CET ÉTAT-LÀ, JE VOUS LE FAIS À 150€
IL EST PARFAIT! JE LE PRENDS COMME ÇA!

La DH/La Libre | 23 août 2017
La future installation d'un buste d'Yvan Mayeur à l'hôtel de ville de Bruxelles divise.

2017
Grâce à son héroïque résistance au CETA, la Wallonie est devenue un exemple pour la planète
Wallonie
terre d'accueil et de résistance
Du monde entier, on se presse pour visiter ses merveilles
TEC TRAVEL
À GAUCHE, LA MAISON NATALE DE PAUL MAGNETTE
À DROITE, LES SOUVENIRS
T SHIRT 30 €
MUGS 15 €
L'horeca fait le plein et les produits régionaux, un malheur
C'EST UN TARTE AL' DJOTE
Les investissements reprennent
ON ROUVRE L'USINE ET ON AGRANDIT
ET ON RALLUME LES HAUTS FOURNAUX
CAT
ARCELOR MITTAL
Charleroi retrouve richesse et prospérité
PS
MAGNET TOWER
Nos voisins français se ruent pour demander l'asile politique
VOUS NE SEREZ PAS TROP DÉPAYSÉ
Elysette
La Wallonie est devenue un Eden avec un taux de chômage de -183%
Et ce fut le réveil
MAINTENANT, IL FAUT SIGNER
IL S'ÉTAIT ASSOUPI
CETA

CAISSE
J'EXAMINE LA NOTE !
CETA

La DH/La Libre | 15 octobre 2016
Paul Magnette affirme qu'il ne donnera pas les pleins pouvoirs au fédéral, empêchant ainsi la Belgique de signer le CETA.

LE MONDE VOUS ATTEND
FAITES-LE PATIENTER
IL FAUT TERMINER LA CAPE !
CAT
CETA

La DH/La Libre | 20 octobre 2016

La Wallonie, seule contre tous, continue de résister au CETA. Paul Magnette est L'homme qui a dit NENNI !
MÊME CONTRE 10 TONNES DE SIROP D'ÉRABLE, NOUS NE SIGNERONS PAS... SORRY!
NOUS AVONS LE SIROP DE LIÈGE!
TABARNAK
L'occident tremble, mais la wallonie tient bon!
NENNI
NO
NEIN!
NON!
NEE!
DRING!
DRING
DRING DRING
PARIS
BERLIN
MADRID
ROME
LONDRES
OTTAWA
CHARLES?
PAS QUESTION DE SIGNER, M' FI! JE DOIS TE LE DIRE EN FLAMAND?
NO, MISTER OBAMA! LA WALLONIE WILL NOT SIGN THE TTIP NON PLUS!
ET SI VOUS M'EMBÊTEZ, JE VOUS ENVOIE NOS CHASSEURS ARDENNAIS
BYE BYE
VOILÀ! LA TARTE AU RIZ, LE FROMAGE DE HERVE, LA COUQUE DE DINANT ET LE PÂTÉ GAUMAIS SONT SAUVÉS!
QUEL HOMME!
ET SI AVEC ÇA ON NE RÉCUPÈRE PAS QUELQUES VOIX DU PTB...

CE NON AU CETA A FAIT REMONTER NOS ACTIONS EN FLÈCHE !
BRAVO !
PS°
IL EST TEMPS DE PASSER À LA VITESSE SUPÉRIEURE
BUDGET
SYRIE
SYRIE
BUREAU INTERNATIONAL des VALIDATIONS
PS
LE DÉMANTÈLEMENT DE LA JUNGLE DE CALAIS ?
Prenez un TICKET
Candidature 2016
CANDIDATURE 2016
OUI
NON
Préparez vos dossiers

Soirmag | 26 octobre 2016

ton 1/4 d'heure de GLOIRE
W
OFFERT Par le CETA
POUSSEZ PAS

La DH/La Libre | 28 octobre 2016
Le cdH se félicite des amendements apportés au CETA.

CHARLEROI FÊTE SES 350 ANS!
C'EST LE FEU D'ARTIFICE?
CAT

La DH / La Libre | 3 septembre 2016
L'annonce de la fermeture de Caterpillar Gosselies gâche les festivités.

COURAGE, BON PEUPLE! NOUS ALLONS SAUVER CE QUI PEUT L'ÊTRE!
À COMMENCER PAR NOUS-MÊMES
CAT
W
W

La DH / La Libre | 9 septembre 2016

LE PLAN CATCH POUR CHARLEROI
À MA GAUCHE, MAGNETIK POPOL, L'HOMME QUI TERRASSE LE CHÔMAGE!
CAT
PS

La DH / La Libre | 1er avril 2017
Le gouvernement wallon lance le plan CATCH, qui vise la création d'environ 10 000 emplois sur Charleroi d'ici 2025.

ARF
T'AS VU LES SONDAGES?
MR
PTB
Sondages
C'est fin... ça se mange sans faim...
mmmh...
PUBLIFIN

La DH/La Libre | 25 mars 2017
Le PTB devient le deuxième parti de Wallonie, juste derrière le MR.

Au début, on ne s'est pas méfiés
REGARDEZ CE QUI ARRIVE LÀ!
UN P'TIT NOUVEAU...
HAHA
PARAÎT QU'IL S'APPELLE RAOUL
RAOUL? C'EST UN PRÉNOM ÇA?
PTB
PS
QU'EST-CE QUE TU VIENS FAIRE SUR NOTRE TERRITOIRE CRÂNE D'OEUF?
VA FALLOIR ALLER JOUER AILLEURS RAOUL!
LA RÉVOLUTION
IL EST MIMI
PTB
On lui a fait la révolution
À BIENTÔT CRÂNE D'OEUF
VAS-Y COOL RAOUL!
HAHA
JE REVIENDRAI
Et puis il est revenu
HÉ LES GARS! REVOILÀ CRÂNE D'OEUF!
Mais il avait grandi
SALUT LES RINGARDS!
HEU SALUT...
ÇA MARCHE, LA RÉVOLUTION?
À FOND!
JE SUIS VENU AVEC QUELQUES CAMARADES... ALORS VA FALLOIR DÉGAGER D'ICI
HEU... MAIS ON ÉTAIT LÀ AVANT
ALLO LES ECOLOS?
C'EST CHEZ NOUS ICI
On a essayé de négocier
PIF!
PAF!
Mais on va se refaire!
Soins intensifs
H
LA SEMAINE DE 2 JOURS!!
VIVE LA RÉVOLUTION
SILENCE

Soirmag | 5 octobre 2016

RAOUL HEDEBOUW
le chef éclairé du PTB vous parle
ATTENTION!
LE MONDE VIRE VERS LE POPULISME ET L'EXTRÊME DROITE
VITE, PARTONS VERS LA GAUCHE, CAMARADES!
GAUCHE
ON DÉPASSE LE PS ET LA GAUCHE DE LA GAUCHE
DIRECTION, LE PARADIS SOCIAL DE L'EXTRÊME GAUCHE.
HOP!
ENFIN LA PAIX, LA FRATERNITÉ, LA RÉVOLUTION ET LES LENDEMAINS QUI CHANTENT!
AH! JE VOIS DES CAMARADES!
ÇA DOIT ÊTRE MÉLENCHON
COUCOU!
QUI REVOILÀ?
HÉ OUI LE MONDE EST PETIT

Soirmag | 5 octobre 2016

MARC GOBLET EST DE RETOUR
LE MÉDECIN AVAIT DIT "PAS D'ACTION AVANT LA TOUSSAINT!!"
C'ÉTAIT JUSTE UNE PETITE MANIF
FGTB

La DH/La Libre | 30 septembre 2016
Malgré ses problèmes de santé, Marc Goblet participe à la manifestation nationale du 29 septembre.

MACRON
résiste et mords
Gascogne

La DH/La Libre | 20 juin 2017
Benoît Lutgen débranche la prise et demande au MR, à Ecolo et à DéFI de former une majorité sans le PS aux gouvernements wallons, bruxellois et de la Communauté française.

La DH/La Libre | 23 juin 2017
Les dirigeants des partis courtisés hésitent à se mouiller…

CANICULE
QUAND ON EST DEDANS, ELLE EST BONNE!

La DH/La Libre | 21 juin 2017
… et tentent de tirer avantage de la situation.

JE VEUX 5 PORTEFEUILLES, 38 MANDATS, L'INTERDICTION DES SYNDICATS ET UNE SEAT IBIZA
ET MOI LA TÊTE DE JOËLLE MILQUET
ET LES JAMBES DE MARIE-MARTINE SCHYNS
ET MOI LE DÉCUMUL INTÉGRAL
ET 150 ÉOLIENNES
MR
DEFI
ECOLO
Accord
Décumul

LE CiDh
une tragédie comique en 5 actes
AH, QUEL BONHEUR QUE DE CONTEMPLER MON EMPIRE DEPUIS 1000 ANS
AÏE! CIEL! TRAHISON! JE SUIS POIGNARDÉ DANS LE DOS!
Ô RAGE Ô DÉSESPOIR Ô VIEILLESSE ENNEMIE
ET ME VOILÀ EMPEREUR À MON TOUR! VENGEANCE!
JE ME MEURS
Défi
VOUS NE POUVEZ PAS VOUS PASSER DE MOI! JE VEUX ÊTRE EMPEREUR AUSSI!
MR
L'EMPEREUR, C'EST MOI! IL VA FALLOIR NÉGOCIER!
MAIS JE ME MEURS!
L'EMPEREUR SE MEURT.
ET J'EXIGE DES TÊTES
défi
NOUS, LES ZECOLOS, ON AIMERAIT BIEN FAIRE EMPEREURS AUSSI
À VAINCRE SANS PÉRIL ON TRIOMPHE SANS GLOIRE
JE MEURS ET TOUT LE MONDE S'EN FOUT!
ON VA ALLER MOURIR AILLEURS
IL FAUDRAIT CLÔTURER LÀ! TOUT LE PUBLIC EST PARTI! ET JE VOUDRAIS ALLER DORMIR
JE MEURS!

Soirmag | 9 mars 2016

JE PENSE SAVOIR D'OÙ ÇA VIENT...
COIN COIN
Vous n'avez plus accès à vos gouvernements

La DH/La Libre | 29 juin 2017
Une cyberattaque visant intialement la Russie et l'Ukraine se répand également ailleurs dans le monde.

LE DÉCUMUL
INTÉGRAL, ON A DIT!
MR
MR
MR
Ecolo
Ecolo

La DH/La Libre | 27 juin 2017
Ecolo propose le décumul inégral des mandats pour tenter d'assainir le monde politique francophone.

PARDON... J'AI BESOIN DE 3 PLACES! JE SUIS DÉPUTÉ, BOURGMESTRE ET PRÉSIDENT DE CPAS
PARLEMENT WALLON

La DH/La Libre | 24 novembre 2016

Juillet 2046
Après 30 ans de négociations pour trouver une coalition, les partis francophones sont enfin proches d'un accord
Les glaïeuls SENIORIE ****
DONC NOUS SOMMES BIEN D'ACCORD SUR LE DÉCUMUL FINANCIER
AH NON! DÉSOLÉE! ON A DIT UN DÉCUMUL INTÉGRAL
ON PEUT FAIRE UN DÉCUMUL FINANCIER PARTIEL PROGRESSIF
MOI JE VEUX DES TÊTES
ET POUR LA COALITION UNE ORANGE-BLEUE AVEC UNE POINTE DE VIOLETTE
PLUTÔT UNE OUTREMER VERT FONCÉ
MOI JE VEUX DES TÊTES
SINON ON PEUT RÉESSAYER UNE SUÉDOISE AVEC DU MAUVE ET DU VERT
BEURK
ET MOI?! ET MOI?!
LE SOCIALISME NE MEURT JAMAIS
ET SI ON ORGANISAIT DES ÉLECTIONS?
NON?
MOI JE PROPOSE UNE COALITION ROUGE-ROMAINE
UNE TURQUOISE
UNE ORANGE VERTE?
UN OLIVIER
UNE TRIPARTITE CLASSIQUE
LE SOCIALISME NE MEURT JAMAIS
UNE JAMAÏCAINE
UNE BROUETTE JAVANAISE
MOI JE VEUX DES TÊTES

J'AI BRUXELLES AU TÉLÉPHONE
QUI ÇA ?

La DH/La Libre | 27 juillet 2017
Le MR et le cdH parviennent à un accord pour former un nouveau gouvernement en Wallonie. Obtenir une majorité sans le PS s'avère plus compliqué à Bruxelles.

SÉCU
Belgique
TU VERRAS! IL N'EST PAS SI MÉCHANT
MR
cdh

La DH/La Libre | 30 août 2017
Le cdH n'exclurait pas une alliance avec la N-VA en 2019.

DéFI
PS
HOMMAGE À MIREILLE DARC

La DH/La Libre | 29 août 2017
Olivier Maingain refuse de participer à des discussions sur l'avenir de la Fédération Wallonie-Bruxelles sans le PS. Décès de Mireille Darc le même jour.

La DH | La Libre | 2 septembre 2016

LA FÉDÉRATION WALLONIE-BRUXELLES construit pour vous
Le Pacte d'Excellence
architectes J. MILQUET – MM SCHYNS et cdh construct
LIVRAISON 2037
METTEZ-VOUS DÉJÀ EN RANG ET PATIENTEZ UN PEU

Soirmag | 15 février 2017
Le Pacte d'excellence, qui en est à sa troisième version, ne convainc toujours pas les syndicats.

MARIE-MARTINE et le PACTE MAGIQUE
Dans l'école de Madame Marie-Martine, la situation est grave
11 ?
1+1=
Elle décida d'aller voir une rebouteuse
ÇA DOIT ÊTRE ICI...
MADAME JOËLLE
Grands pouvoirs
Emploi, intérieur culture, égalité des chances, impuissance
UNE SOLUTION À TOUT
JE SUIS UN PEU RETIRÉE DU BOULOT MAIS JE PEUX QUAND MÊME VOUS AIDER. POUR L'ÉCOLE, J'AI CE QU'IL VOUS FAUT
BON SANG ! OÙ L'AI-JE FOURRÉ ?
LE VOILÀ ! VOUS RÉCITEZ 20 FOIS À VOIX HAUTE LES FORMULES MAGIQUES DE CE PACTE ET TOUT S'ARRANGERA
Pacte d' Excellence
Marie-Martine rentra heureuse, par le Bois de Saint-Dical
Mal lui en prit
ET ALORS ? OÙ EST-CE QU'ON VA COMME ÇA ?
C'EST PAS PRUDENT DE PASSER PAR ICI
ON VA LA DÉPRISER
FAIS VOIR CE QUE TU TIENS EN MAIN
Et tout rentra dans l'ordre. Enfin presque
JE PEUX PAS VÉRIFIER... Y'A PAS DE WIFI

VOUS ÊTES SÛRS QU'ON A CHANGÉ TOUTES LES SERRURES?
GRRR
cdh
CRIC

La DH/La Libre | 1er octobre 2016
Joëlle Milquet annonce son retour en politique.

NOS PETITES AFFAIRES VONT BIEN
PTB

La DH/La Libre | 11 juillet 2017
Fête de la Communauté flamande.

JE NE COMPRENDS PAS TOUT
NORMAL! ÇA N'EST ÉCRIT QU'EN FLAMAND
Bart De Wever
BELGIË ONVOLTOOID

La DH/La Libre | 4 mai 2017
Sortie d'un nouveau livre de Bart De Wever, où il décrit sa stratégie vers le confédéralisme.

Carnaval 2017
STOP CETA
NVA
POLICE
Delphine Ire
Telenet
PAPA
certificat médical André GILLES
certificat médical stéphane MOREAU
INTERCOMMUNALE
mandats
mandats
Les Mandataires
ZÉRO de conduite
SCHYNS

les petits jeux de PÂQUES
Devinez le POINT COMMUN entre ces personnalités
Elio Di Rupo
Benoît Hamon
Jeanne d'Arc
Armand De Decker
le noeud papillon est un piège. Le point commun, c'est qu'ils sont tous grillés
le REBUS pourri
wat zegt Bart?
2
2
en anglais
hic-benne-deux-bure-gemme-haie
stère - vanne - âne - two - air - penne
(en néerlandais, c'est pas facile, hein!)
le BON COUPABLE
Le commissaire voudrait savoir qui s'en est mis plein les poches chez PUBLIFIN. Peux-tu l'aider à trouver le BON COUPABLE ?
A
B
C
D
C'est le D. Tu as vu ses poches? En plus, les autres ont un certificat médical
les 7 ERREURS
Notre dessinateur fatigué a commis 7 erreurs en recopiant son dessin. Peux-tu les retrouver ?
make America great again
La France aux Français
Notre dessinateur a reçu 1 semaine de congé

UNE FEMME À LA TÊTE DE LA SNCB
BIENVENUE SOPHIE WELKOM
ELLE A 15 MINUTES DE RETARD
ÇA COMMENCE BIEN...

La DH/La Libre | 8 mars 2017
Sophie Dutordoir, ancienne patronne d'Electrabel, dirigera la SNCB.

COUCOU! LES NOUVELLES SONT BONNES?
Les Soldes démarrent doucement

La DH/La Libre | 4 janvier 2017

LA CULTURE BELGE DE LA BIÈRE RECONNUE PAR L'UNESCO
CHAMPAGNE!
UNESCO

La DH/La Libre | 1er décembre 2016
L'UNESCO inscrit la bière belge au patrimoine culturel immatériel de l'humanité.

MAGRITTE, LE VISIONNAIRE
Magritte

La DH/La Libre | 16 août 2017
Bruxelles commémore les 50 ans de la disparition de Magritte peu de temps après le début du scandale des œufs contaminés au fipronil.

ÉPANDAGE
OUI, JE SAIS QUE C'EST L'AUSTÉRITÉ MAIS LÀ, J'AI COMME L'IMPRESSION QU'ILS EXAGÈRENT ...

La DH/La Libre | 13 janvier 2017
La Belgique en alerte hivernale.

ET SINON ÇA VA?
UN PETIT VIN CHAUD?
PFF
JE T'AVOUE QUE C'EST UN PEU MOROSE... J'AI DÛ ME SÉPARER DE MON ASSISTANT ET DE MON ÂNE.
ÇA POSAIT DES PROBLÈMES AUX LIGUES DE DÉFENSE
OUAIS... ILS DEVIENNENT TATILLONS
ET PUIS AVANT, JE FABRIQUAIS TOUT ICI! MAIS J'AI DÛ DÉLOCALISER EN CHINE
PARCE QU'IL PARAÎT QUE LES ENFANTS NE VEULENT PLUS QUE DES GSM!
ET LE PIRE, C'EST QUE SI TU APPORTES DES POUPÉES AUX FILLES, TU TE FAIS ACCUSER DE SEXISME!!
M'EN PARLE PAS!
ALLEZ JE FILE! FAUT PAS TRAÎNER
AVEC LES MESURES DE SÉCURITÉ, ON PERD UN TEMPS FOU...
HAHA! BONNE CHANCE À LA DOUANE
TU PARLES! 2 HEURES DE FOUILLE CORPORELLE
VOUS SENTEZ LE VIN CHAUD! SOUFFLEZ LÀ-DEDANS!
MAIS JE SUIS À PIED!
POLICE
contrôle BOB

Soirmag | 30 novembre 2016

ING
VOTRE C4, VOUS POUVEZ L'IMPRIMER VOUS-MÊME À LA BORNE
Une offre digitale innovante
Print

La DH/La Libre | 4 octobre 2016
ING veut supprimer 3 158 emplois d'ici fin 2021.

UNE PETITE ASPIRINE ?
ASPIRINE
AVEC ÇA, ÇA PASSERA MIEUX
ROUNDUP

La DH/La Libre | 16 septembre 2016
Bayer rachète Monsanto pour 59 milliards d'euros.

DAVOS
JE ME FERAIS BIEN UN PETIT FILM D'HORREUR CE SOIR
CINE
Les pauvres
Cartier
ROLEX
RANGE

La DH/La Libre | 17 janvier 2016
Début du 47e Forum économique mondial à Davos.

TROP CHIC
TROP DÉCONTRACTÉ
TROP CHAUD
FUCK
TROP ... TROP
BON
BCBG, C'EST ENCORE LE MIEUX
JUSTE UN DERNIER DÉTAIL... VOILÀ ! ... PARFAIT !
OÙ VAS-TU MON LOLO ?
À UNE RÉUNION DE FAMILLE

La neige tombe mollement sur le petit royaume qui s'apprête à fêter NOËL. Indifférent à cette liesse, un homme seul se dirige vers le parc.
TOUT LE MONDE M'EMMERDE! LES JOURNALISTES, MA FAMILLE, LES IMPÔTS...
AH PETIT OISEAU! SI TU SAVAIS COMME JE T'ENVIE TA LIBERTÉ! MOI JE SUIS BRIDÉ, STIGMATISÉ ET SPOLIÉ!
COMME J'ENVIE L'INSOUCIANCE DE CET HOMME QUI A LE DROIT DE TRAVAILLER!
Mais l'oiseau était une bonne fée de Noël et aussitôt...
BROUF
ET MERDE! JE CROIS QUE J'AI ENCORE DIT UNE BÊTISE, MOI!
OH MAMADOU! TU DORS? Y'A ENCORE 2 HECTARES A DÉNEIGER!
Bruxelles Propreté
Et pendant ce temps au Palais...
LE PRINCE LAURENT DE BELGIQUE

Soirmag | 14 décembre 2016

PHILIPPE! NE ME DIS PAS QUE TU LEUR AS AUSSI DONNÉ TOUTE LA FLANDRE, AUX HOLLANDAIS!
BAH! COMME ÇA ON A LA PAIX!

La DH | La Libre | 29 novembre 2016
La Belgique cède un bout de territoire aux Pays-Bas.

Les Séries belges cartonnent !
Après le succès de
LA TRÊVE
voici venir de nouvelles séries...
la GRÈVE
LA GRÈVE
ON VA PRENDRE VOTRE TEMPÉRATURE
L'ENNUI
LES SCÉNARISTES NE SE SONT PAS FOULÉS...
Soirmag | 2 octobre 2016
ASSASSIN
d'après l'oeuvre de BERNARD WESPHAEL
avec maîtres MAYENCE & UYTTENDAELE
C'EST UN ASSASSINAT MÉDIATIQUE
ON VA FAIRE UN PROCÈS
Journal
ING
VOUS ÊTES VIRÉ
LA BANQUE
UNE SÉRIE FUTURISTE

Soirmag | 12 octobre 2016

J'AI ÉCRIT CE LIVRE POUR DÉNONCER L'ACHARNEMENT MÉDIATIQUE
PARLEZ DANS LE MICRO
ASSASSIN

La DH/La Libre | 8 octobre 2016
Sortie du livre de Bernard Wesphael le lendemain de son acquittement.

ET MAINTENANT ON VA RIGOLER
Cement
a

La DH/La Libre | 21 janvier 2017
Entrée en fonction de Donald Trump en tant que président des États-Unis.

A. LINCOLN

La DH/La Libre | 11 octobre 2016

ÉVIDEMMENT, CE N'EST PAS AUSSI BLING-BLING QUE CHEZ MOI, MAIS JE VAIS M'Y FAIRE

La DH/La Libre | 12 novembre 2016

POURVU QUE ÇA RÉSISTE
Héritage OBAMA
NE PAS TOUCHER FRAGILE

La DH/La Libre | 11 janvier 2017

ALORS, CETTE CÉRÉMONIE D'INVESTITURE... ÇA S'ORGANISE?
ON TERMINE LES 200 000 LITRES DE PEINTURE DORÉE, PRÉSIDENT
ET LES 60 KM DE MOULURES EN CARTON?
ELLES SONT EN TRAIN D'ÊTRE PLACÉES
ET POUR LES INVITÉS?
ON A EMBAUCHÉ 200 000 FIGURANTS PAYÉS POUR APPLAUDIR
ET LES CHEFS D'ÉTAT?
ON N'A QUE POUTINE MAIS ON A ENGAGÉ DES SOSIES DE TOUS LES AUTRES... ÇA IRA
BIEN
ET POUR CHANTER L'HYMNE AMÉRICAIN, VOUS AVEZ RÉUSSI À AVOIR ELVIS PRESLEY?
HEU... LÀ ON A UN PETIT PROBLÈME, PRÉSIDENT...
WTF! QUOI??
HEU... C'EST-À-DIRE QU'IL... EST... UN PETIT PEU... HEU... MORT
ÇA N'EST PAS UNE EXCUSE! DOUBLEZ SON CACHET!!
VOUS ÊTES VIRÉ

Soirmag | 18 janvier 2017

Hi!
TRUMP

La DH/La Libre | 10 novembre 2016

VOUS ÊTES LE NOUVEAU LOCATAIRE?
LOCATAIRE? MOI? JE SUIS PROPRIÉTAIRE!
WHITE HOUSE
WARNING MEN AT WORK
BONJOUR MISTER PRESIDENT! JE VOUS FAIS VISITER LE CHANTIER
VOUS DEVRIEZ METTRE UN CASQUE
J'EN AI UN
TRUMP
À VOTRE DEMANDE, ON A RAJOUTÉ DES DORURES ET DU MAUVAIS GOÛT PARTOUT
RAJOUTEZ-EN UN PEU
ICI, ON TERMINE LA TRANSFORMATION DU BUREAU OVALE EN JACUZZI
TRUMP
LES NOUVEAUX LUMINAIRES
ET POUR LA PETITE EXTENSION DE LA VÉRANDA?
ÇA AVANCE
RAJOUTEZ 20 ÉTAGES
TRUMP HOUSE

FÉLICITATIONS MISTER PRÉSIDENT! 1 SEMAINE À PEINE ET VOUS EMMERDEZ DÉJÀ LE MONDE ENTIER
CE N'EST QU'UN DÉBUT
OBAMA

La DH/La Libre | 28 janvier 2017
Construction d'un mur à la frontière mexicaine, adoption de décrets anti-avortement et anti-Obamacare, fermeture sélective des frontières… Donald Trump se tient occupé.

1 MOIS DE PRÉSIDENCE! CONGRATULATIONS PRESIDENT
C'EST ENCORE UNE INVENTION DES JOURNALISTES! JE SUIS LÀ DEPUIS BIEN PLUS LONGTEMPS!!

La DH/La Libre | 21 février 2017
Le président américain popularise le concept de *fake news*.

LES 100 JOURS DE Mr TRUMP

JE PENSAIS QUE CE SERAIT PLUS SIMPLE …
RAS LE BOL
JE VOUS LAISSE LE TOUT POUR UNE BOUCHÉE DE PAIN
CHINA
CHINA

La DH/La Libre | 29 avril 2017

La DH/La Libre | 3 juin 2017
Donald Trump annonce le retrait
des États-Unis de l'accord de Paris sur le climat.

ON ÉTOUFFE LÀ-DEDANS! VIVEMENT UNE BONNE BOUFFÉE DE CO2!

La DH/La Libre | 1er juin 2017

COP 24 20
DÉSOLÉ, ON EST COMPLET
FUCK

La DH/La Libre | 30 mai 2017
Le sommet du G7 met en lumière les tensions
entre les États-Unis et l'Europe.

WELCOME TO BRUSSELS Mr TRUMP !
AMENDE DE 150 € POUR DÉPASSEMENT DES NORMES DE BRUIT
AIR FO ONE
ON VIENT TUER DES DJIHADISTES OU ACHETER DU CHOCOLAT ?
ON VIENT INAUGURER LE NOUVEAU SIÈGE DE L'OTAN
RAPPELEZ-MOI... NOUS AVONS BOMBARDÉ CETTE VILLE RÉCEMMENT ?
NON ! CE SONT DES TRAVAUX SUR LA PETITE CEINTURE
AH ! ON EST SUR LA PISTE D'ATTERRISSAGE DE L'OTAN ?
NON ! ÇA C'EST LE PIÉTONNIER
2 heures et 18 embouteillages plus tard
ON ARRIVE !
HEUREUSEMENT QU'ON A UNE VOITURE BLINDÉE
OTAN
BIENVENUE ! VOUS AVEZ TROUVÉ FACILEMENT ?
AMAZING ! J'ADORE CETTE VILLE ! JE VAIS DEMANDER L'ASILE POLITIQUE ICI !

Soirmag | 24 mai 2017
Première visite de Donald Trump dans le « *trou à rats* » (Bruxelles).

BELGIUM
CHOCOLATE
JIHADISTS (MOLENBEEK)
KING PHILIP
IL AIME LES RÉSUMÉS COURTS

La DH | La Libre | 3 mai 2017

SALUT LES PLOUCS
JE VOUS ENVERRAI UN TWEET

La DH | La Libre | 26 mai 2017

La DH / La Libre | 8 juillet 2017
Dans le cadre du G20, première rencontre entre les présidents russe et américain.

TU SAIS CE QUE MAINGAIN A DIT À LUTGEN?
JE CROIS QUE ÇA N'AURA BIENTÔT PLUS D'IMPORTANCE

La DH/La Libre | 6 septembre 2017

MESSIEURS ... EN GARDE!
US
KOR

La DH/La Libre | 12 avril 2017
L'administration Trump menace la Corée du Nord de frappes militaires si elle poursuit ses tests atomiques. En réponse, Kim Jong-un émet la menace d'une riposte nucléaire.

JOYEUSES PÂQUES !
LES CLOCHES ONT UNE DRÔLE DE TÊTE CETTE ANNÉE ...

La DH/La Libre | 15 avril 2017

L'OEIL DE MOSCOU

La DH/La Libre | 16 février 2017
On soupçonne Vladimir Poutine d'avoir manipulé les élections américaines.

TINTIN AU PAYS DES SOVIETS
VERSION COLORISÉE ET ACTUALISÉE
D'après l'œuvre de -HERGÉ- et Nick Rodwell
ALLEZ MILOU! AVEC CETTE CURE DE JOUVENCE, IL EST TEMPS D'ALLER REFAIRE UN TOUR CHEZ LES SOVIETS!
BRUSSELS SOUTH
RYANAIR
DÉJÀ QU'ON ÉTAIT MAL DESSINÉS, MAINTENANT EN PLUS, ON EST MAL COLORIÉS!
VOUS ÊTES ARRIVÉS
LES VOYAGES NE SONT PLUS CE QU'ILS ÉTAIENT
ET MAINTENANT, EN ROUTE POUR MOSCOU!
COMMENT ON A TROUVÉ CETTE BAGNOLE?
BONJOUR! JE VOUDRAIS VISITER LE KREMLIN
ON VOUS ATTEND
N'Y VAS PAS!!
BONJOUR MONSIEUR TINTIN! UN EUROPÉEN ICI, C'EST TROP D'HONNEUR!
CIEL! L'INFÂME RAS POUTINE!
MOI JE ME CASSE!
ET MAINTENANT, PARTAGEONS-NOUS LE MONDE, CAMARADE TRUMP!
RIGHT! CE NE SONT PAS LES EUROPÉENS QUI VONT NOUS GÊNER
AVANCE!
JE VAIS FINIR EN KIP KAP
À SUIVRE...

Soirmag | 11 janvier 2017
Sortie de la version colorisée de *Tintin au pays des Soviets.*

ENFIN LA PAIX !
HÉ ! J'ÉTAIS LÀ AVANT !
SHIMON PERES 1923-2016
YASSER ARAFAT 1929-2004

La DH/La Libre | 29 septembre 2016
Décès de l'ancien président et Premier ministre israélien, Shimon Peres.

ET ÇA, C'EST QUOI ?
JE CONSTRUIS UN PETIT ABRI DE JARDIN
CISJORDANIE

La DH/La Libre | 9 février 2017
Charles Michel rencontre Benyamin Netanyahu à Jérusalem le lendemain du vote d'une loi permettant la colonisation sur des terrres privées en Cisjordanie occupée.

LA PAIX POUR 100 ANS
TCHERNOBYL

La DH/La Libre | 30 novembre 2016
Un sarcophage en acier recouvre désormais le réacteur accidenté de la centrale de Tchernobyl.

CESSEZ-LE-FEU TOTAL EN SYRIE
JE DISAIS: TU PEUX RETIRER TES BOUCHONS!

La DH/La Libre | 30 décembre 2016
Le président russe annonce un accord de cessez-le-feu entre Damas et les rebelles.

EUROPE
C'EST ÉTEINT EN SOLIDARITÉ AVEC ALEP?
ACCUEIL
NON! C'EST PARCE QU'IL N'Y A PLUS PERSONNE

La DH/La Libre | 16 décembre 2016

ILS SONT FOUS!
JE VEUX SORTIR D'ICI!!
ALEP

La DH/La Libre | 15 décembre 2016
De nouveaux bombardements à Alep.

ALEP
ALLÔ? MONSIEUR FRANCKEN?

La DH/La Libre | 13 décembre 2016
Le secrétaire d'État à l'Asile et à la Migration maintient sa position de ne pas délivrer de visas humanitaires à une famille d'Alep, en dépit de la décision de la cour d'appel de Bruxelles.

VOUS ÊTES CHRÉTIEN? FÉLICITATIONS! D'APRÈS MON SONDAGE FACEBOOK, VOUS ÊTES SAUVÉ!

La DH/La Libre | 19 avril 2017
Theo Francken expérimente les sondages Facebook... et crée la polémique.

ELLES SONT BELLES, MES SALADES !
ELLES SONT BELLES, MES CASSEROLES ! C'EST DU SOLIDE TRADITIONNEL MADE IN FRANCE
la casserole FRANÇAISE
Au Père François
entreprise familiale
10 pièces pour le prix de 5 !
IL EST FRAIS, MON POISSON ! IL EST FRANÇAIS, MON POISSON !
La marée de Marine
LA MELUCHE EST UN APPAREIL RÉVOLUTIONNAIRE, CAMARADE !
IL SERT À TOUT ET NE RÉSOUD RIEN
meluche
LA MELUCHE®
UNE RÉVOLUTION
made in Venezuela
LE CALEÇON EST EN FIBRE DE MACRON® ULTRA EXTENSIBLE, UNISEXE, IL VA À TOUT LE MONDE
le caleçon en MACRON®
?
JE N'AI PAS RÉUSSI À ME DÉCIDER ...

Soirmag | 19 avril 2017
Les Français vont devoir élire un nouveau président.

La DH/La Libre | 31 août 2016

PS
ET CHEZ VOUS ? ÇA VA ?
C'EST ASSEZ MOYEN AUSSI...
Valls
PUBLIFIN
PTB

La DH / La Libre | 31 mars 2017
Plusieurs députés PS français annoncent leur soutien à Emmanuel Macron et Benoît Hamon chute dans les sondages.

OCTOBRE 2016
les autres avec FILLON
TOUS AVEC JUPPÉ
NOVEMBRE 2016
la FRANCE avec FILLON
DÉCEMBRE 2016
presque TOUS AVEC FILLON
JANVIER 2017
ceux qui restent avec FILLON
FÉVRIER 2017
Fillon avec Fillon
MARS 2017
JUSQU'AU BOUT avec moi-même

Soirmag | 8 mars 2017
Campagne difficile pour François Fillon.

LE SPRINT FINAL

La DH/La Libre | 22 avril 2017
Attentat sur l'avenue des Champs-Élysées quelques jours avant le premier tour des élections présidentielles...

LE PROGRAMME DE MACRON
HAMON C'EST PERDU FILLON C'EST CRAMÉ C'EST MOI OU LA BLONDASSE DU FN
ÉVIDEMMENT, VU COMME ÇA ...

La DH/La Libre | 3 mars 2017
... remportées par Emmanuel Macron et Marine Le Pen.

Chez Marine
Cuisine traditionnelle
Plat du Jour Quenelles du chef
on paie d'avance
Menu
ÇA A L'AIR SYMPA
2 PLATS DU JOUR S'IL VOUS PLAÎT
EXCELLENT CHOIX
2 PLATS DU JOUR POUR LA 3
ÇA MARCHE
herbicide
Javel
Acetone
ET VOILÀ
BON APPÉTIT !
MAIS C'EST DE LA M...
MAIS REVENEZ ! IL RESTE LE DESSERT
MacRon
C'EST MOU ET ASEPTISÉ MAIS JE PRÉFÈRE ENCORE ÇA
dubus

JE VOUDRAIS COMMANDER UN TAXI

La DH/La Libre | 10 mai 2017

MOI PRÉSIDENT ...
PRÉSIDENT DE LA RÉPUBLIQUE ...
MONSIEUR LE PRÉSIDENT ...
PRÉSIDENT ...
LE PRÉSIDENT MACRON ...
EMMANUEL MAINTENANT TU ARRÊTES! À TABLE!

La DH/La Libre | 9 mai 2017
Emmanuel Macron est élu président de la République française.

les Républicains
AU PARTI SOCIALISTE
La République en Marche
au vieux front national
fermé pour cause de rénovation et agrandissement
inscrivez vous

La DH/La Libre | 13 mai 2017

ALORS? HEUREUSE?
FAUT VOIR... EN TOUT CAS ÇA ME CHANGE DES VIEUX SCHNOKS PRÉCÉDENTS...

La DH | La Libre | 8 mai 2017

RF

Soirmag | 26 avril 2017

MACRON EN ÉTAT DE GRÂCE

La DH/La Libre | 5 juillet 2017

IL VIENT DE RÉSOUDRE L'AFFAIRE DU PETIT GRÉGORY!

La DH/La Libre | 16 mai 2017
Première visite officielle de Macron à Berlin.

MÉFIONS-NOUS! CELUI-CI N'A PAS LA CRAVATE DE TRAVERS

La DH/La Libre | 13 juin 2017
Résultats désastreux pour le PS français aux élections législatives.

CI-GÎT
LE PARTI SOCIALISTE FRANÇAIS
VIENS, ON RENTRE… TU VAS PRENDRE FROID…

3 JUILLET
PEUPLE DE FRANCE! L'HEURE EST VENUE DE RENOUER AVEC TA GLOIRE
Versailles
4 JUILLET
JE VOUS ANNONCE L'AUGMENTATION DU PRIX DES CIGARETTES

La DH | La Libre | 5 juillet 2017

26 000€ POUR LA MAQUILLEUSE DE MACRON
ÇA N'EST PAS CHER PAYÉ!
DÉPÊCHONS! J'AI UNE CONFERENCE DE PRESSE DANS 10 MINUTES

La DH | La Libre | 25 août 2017

3,5t

La DH/La Libre | 21 décembre 2016
Un camion fauche plusieurs passants sur un marché de Noël à Berlin.

MAIS NON! ÇA C'EST LE PÈRE NOËL.
VIN CHAUD

La DH/La Libre | 22 décembre 2016

AVANT
FAIS ATTENTION QUAND TU TRAVERSES
MAINTENANT
FAIS ATTENTION QUAND TU MARCHES SUR LE TROTTOIR

La DH/La Libre | 24 mars 2017
Un homme lance sa voiture en direction de la foule sur le trottoir du pont de Westminster à Londres.

C'est le printemps
MMMH
ON N'EST PAS BIEN LÀ ?
TU SAIS QUOI ?
J'AI ENVIE D'UNE ÉNOOORME GLACE À LA FRAISE AVEC DE LA CRÈME FRAÎCHE
AVEC DES PETITS GRANULÉS
ET UN COULIS
ON PEUT Y ALLER EN MÉTRO
MAELBEEK
NON.. TU AS RAISON. ON VA MARCHER UN PEU
IL FAIT SI BEAU...

Soirmag | 22 mars 2017
Bruxelles commémore les attentats du 22 mars 2016.

VOUS ARRIVEZ TROP TARD MONSIEUR BOND...
Ariana GRANDE

La DH/La Libre | 24 mai 2017
Attentat lors d'un concert d'Ariana Grande Manchester et décès de Roger Moore.

JOHNNY EN STUDIO
DÉPÊCHONS!

La DH / La Libre | 18 mars 2017
Johnny Hallyday annonce qu'il est atteint d'un cancer.

DYLAN
PRIX
NOBEL
DE
LITTÉRATURE

La DH / La Libre | 27 décembre 2016

Bonne Année
et surtout une bonne santé !
BOULEZ

Hécatombe chez les chanteurs en 2016 : Toots Thielemans, George Michael, David Bowie, Leonard Cohen, Prince, Michel Delpech...

Avenue du Château Jaco, 1
1410 Waterloo
www.renaissancedulivre.be

GRAPHISME Aplanos
IMPRIMERIE Imprimerie VD (Belgique)
ISBN 978-2-507-05546-2
DÉPÔT LÉGAL D/2017.12.763/51

Merci a Josiane Dostie
pour ses corection inpitoyable
et ses légende riguourreuses